Jason
a deux maisons

BIOGRAPHIE

Jenny Dale a grandi dans une ferme de Cornouailles (Angleterre), entourée d'une bande de chiens, petits et grands, gentils et coquins. Aujourd'hui, elle habite toujours à la campagne et consacre ses journées à l'écriture de romans pour les enfants.

ILLUSTRATIONS INTÉRIEURES : ANNIE-CLAUDE MARTIN

L'auteur remercie Lorna Read.
Titre original : *Tug of Love*

Publié pour la première fois par Macmillan Children's Books

Loi n° 49 956 du 16 juillet 1949
sur les publications destinées à la jeunesse
Dépôt légal : mai 2001
ISBN : 2 7470 1897 0

100% animaux

Jason a deux maisons

JENNY DALE

TRADUIT DE L'ANGLAIS
PAR NATHALIE M.-C. LAVERROUX

SIXIÈME ÉDITION
BAYARD JEUNESSE

Les héros de cette histoire

Neil Parker a neuf ans et une passion : les chiens. Il passe tout son temps libre dans le chenil de ses parents et ne manque pas une occasion de porter secours aux chiens qui souffrent.

Emily Parker est la sœur de Neil. Elle l'accompagne dans toutes ses aventures.

Sarah Parker est leur petite sœur. Elle possède un hamster, Caramel.

Bob et **Carole Parker**, les parents de Neil, Emily et Sarah, dirigent le chenil de King Street.

Sam est le chien de Neil. Ce chien de berger écossais a été recueilli par la famille Parker quelques années plus tôt.

La famille Parker

1

– Sam a gagné ! C'est le meilleur !

Neil Parker était aux anges. L'année précédente, son chien avait déjà eu un prix, mais pas le premier. Le garçon bondissait sur place en criant d'une voix suraiguë. Les gens le regardaient d'un air amusé.

– J'y crois pas ! Il a gagné le premier prix du concours d'agilité de Padsham avec sept points d'avance !

Padsham était situé à quelques kilomètres

de Compton, où Bob et Carole Parker tenaient un chenil et un refuge. Neil, Emily et leur petite sœur Sarah adoraient les chiens. Ils auraient bien aimé s'occuper d'eux toute la journée.

– Tu vas devenir une vedette ! dit Emily en s'asseyant à côté de Sam pour le caresser.

Le chien de Neil, un border colley abandonné que les Parker avaient adopté cinq ans auparavant, venait de s'étendre de tout son long à l'ombre. La tête posée sur les pattes avant, la langue pendante, il couina en agitant doucement sa queue touffue.

– Maman, est-ce que tu as encore de l'eau pour Sam ? demanda Emily.

– C'est du champagne qu'il faudrait lui offrir ! plaisanta Carole Parker en lui tendant une bouteille.

Emily la vida dans la gamelle du chien, qui se mit à laper avec avidité.

– Neil ! Neil !

Chris, le meilleur ami de Neil, lui faisait de grands signes tout en essayant de se frayer un chemin à travers la foule. Dès qu'il eut rejoint les Parker, il se précipita sur Sam et le félicita.

– Bravo ! Tu es un grand champion maintenant !

Sam redressa une oreille, se roula sur le dos et se mit à battre l'air de ses pattes. Chris lui gratta le ventre en riant.

– Tu ne veux pas venir voir l'exposition canine ? demanda-t-il à Neil. Elle a commencé à l'instant. Ce sera bientôt le tour de Ricky.

Ricky était le labrador de Steve, le cousin de Neil.

Bientôt, les deux garçons atteignirent le stand où avait lieu l'exposition. Une dizaine de labradors noirs et jaunes étaient assis près de leurs maîtres. Au bout de la rangée, Steve tentait de calmer son chien. Ricky n'avait que dix mois, et il avait déjà pris quelques leçons d'obéissance ; mais il lui restait beaucoup de progrès à faire.

Au moment où Neil et Chris arrivèrent, il tirait de toutes ses forces sur sa laisse : il voulait jouer avec un autre chien. Haletant, le cou tendu, il glapissait d'impatience.

– Arrête, Ricky ! dit Steve en essayant de prendre un ton autoritaire.

Le chien remua frénétiquement la queue et se mit à gémir. Le grand labrador le regardait de toute sa hauteur, les pattes écartées, les oreilles dressées. Visiblement, il était d'accord pour jouer.

Le jury examinait un jeune mâle jaune au poil soyeux et aux grands yeux brillants. Il semblait sourire à la foule qui le contemplait.

– Tu paries combien qu'il va gagner, celui-là ? lança Neil.

Tout à coup, une voix de femme s'éleva dans la salle :

– Quel scandale ! Cela devrait être interdit ! Ces expositions sont une véritable épreuve pour les chiens !

– Je me demande ce qu'elle fait là, dans ce cas, commenta Chris, agacé.

Les deux garçons se haussèrent sur la pointe des pieds pour voir la dame, mais la foule était trop dense.

Le jeune labrador se tourna vers les spectateurs et éventa le jury avec sa queue. Il semblait prêt à bondir vers la personne qui venait de parler.

Bientôt, un homme vint le récupérer, et un autre chien fut présenté au jury.

– Il a l'air content, observa Neil. Cette dame ne connaît rien aux chiens. Il y en a qui n'aiment pas les concours, ils sont trop nerveux. Mais la plupart adorent se montrer !

Une demi-heure plus tard, le jury

annonça les noms des gagnants. Le premier prix fut attribué à un labrador noir, le second au jeune chien que Neil avait remarqué.

Une fois l'exposition terminée, Neil rejoignit le reste de la Compagnie des chiens trouvés, comme leurs amis appelaient les Parker. Alors qu'ils allaient monter dans la Range Rover familiale, un chien arriva en trombe. Il bouscula Neil et lui fila entre les jambes, se dirigeant vers la sortie. C'était un labrador jaune.

Les deux garçons grimpèrent sur une chaise pour voir où il allait.

– On dirait qu'il essaie de rattraper la voiture bleue ! s'exclama Chris, stupéfait.

La voiture quittait le parc. Elle tourna à gauche pour s'engager sur la route, et le chien la suivit. Les garçons regardaient de tous leurs yeux, mais bientôt elle fut dissimulée par une grande haie, ainsi que le labrador.

– C'est dingue ! s'écria Neil. Il risque de se faire écraser !

Le garçon continua de regarder. La voiture apparaissait parfois entre les arbres, mais il ne voyait plus le chien.

– J'espère qu'il ne va rien lui arriver, marmonna-t-il.

2

– Nous allons avoir un nouveau pensionnaire, déclara Bob Parker en prenant un air mystérieux. Vous ne devinerez jamais qui c'est !

Sarah fit des yeux ronds.

– Pour vous aider, je dirai que c'est le chien le plus célèbre du moment…

– Muttley ! C'est Muttley ! hurlèrent Emily et Sarah.

Quelques jours plus tôt, ce petit bâtard avait fait les gros titres des journaux, et il était passé à la télévision. Ses maîtres avaient gagné au loto en jouant les numéros qui correspondaient au rythme de ses aboiements. Les médias ne se lassaient pas de lui.

– Il va vraiment venir chez nous ? demanda Neil, incrédule.

– Les Henderson vont partir en croisière, expliqua Bob Parker. Nous garderons Muttley pendant trois semaines. Ils l'amènent demain.

Les enfants étaient tout contents.

– À propos de chiens célèbres, dit Neil, moi aussi, j'ai une star à nourrir et à promener ! Hein, Sam ?

Roulé en boule aux pieds du garçon, Sam émit un petit grondement en entendant son nom. Il se leva et vint poser sa truffe humide sur la main de son maître.

– Viens manger, champion !

– Ne lui donne pas une triple ration ! plaisanta Bob Parker. Il doit garder la forme !

Neil rêvait que Sam lui donnait des conseils pour gagner au loto quand il fut tiré de son sommeil par la sonnerie de la porte d'entrée. Il tendit l'oreille. Son père était allé ouvrir et discutait avec quelqu'un à voix basse. Curieux de savoir qui pouvait bien venir si tôt un samedi matin, Neil sauta de son lit et dévala l'escalier en pyjama.

Bob Parker parlait à un agent de police.

– D'accord, laissez-le ici, disait-il. Je vais l'installer dans le refuge.

Le policier lui tendit la corde qu'il avait passée autour du cou d'un labrador jaune. Neil se frotta les yeux. Le chien lui paraissait familier.

Bob Parker s'apprêtait à l'emmener au chenil.

– Attends, Papa ! Je l'ai vu à l'exposition, hier soir ! s'exclama Neil.

– Tu en es sûr ?

Neil s'était accroupi près du labrador et le

caressait doucement. Le chien se dressa sur les pattes arrière pour dire bonjour à son nouvel ami.

– Oui, c'est lui ! Je reconnais son sourire, plaisanta Neil. Il a gagné le deuxième prix hier après-midi. C'est bien ça, hein, mon vieux ?

Le labrador aboya deux fois et lui donna un grand coup de langue sur le visage.

– Tu ne te souviens pas de son nom ? demanda Bob Parker.

– Non. Ce n'était pas un nom très courant.

– Quel dommage ! Nous aurions retrouvé ses maîtres plus facilement.

Bob Parker inspecta ses dents et lui tâta les flancs. Puis il examina ses pattes.

– Il semble en parfaite santé, conclut-il. Les policiers l'ont trouvé quand ils patrouillaient en voiture hier soir. Il était assis au bord de la route nationale, entre

Padsham et Compton. Il ne portait pas de collier.

Kate MacGuire, l'employée du chenil, arriva à vélo :

– Bonjour, tout le monde ! C'est un nouveau pensionnaire ?

Elle posa son vélo contre le mur et se pencha vers le chien.

– Tu as trouvé la bonne adresse ! dit-elle en lui donnant une tape affectueuse sur la tête.

Le chien lança un petit jappement joyeux et lui tendit une patte.

– Il vous a déjà adoptée ! commenta Bob Parker. La police vient de nous l'amener. Neil pense que c'est un évadé du concours de Padsham.

– Je suis presque sûr que c'est lui. La dernière fois que je l'ai vu, il courait à trois cents kilomètres à l'heure derrière une voiture bleue qui sortait du parc d'exposition, insista Neil.

Il restait trois boxes vides au refuge. Le garçon en ouvrit un.

– Je me demande après qui il courait, fit-il en faisant entrer le chien.

– Il avait faim et soif quand ils l'ont trouvé, dit Bob Parker. Mais il n'a pas l'air trop perturbé.

Le labrador acquiesça en lui léchant doucement la main.

Kate alla chercher une assiette de croquettes et un bol d'eau fraîche, qu'elle posa près de sa corbeille. Le chien dévora toute la nourriture et vida le bol en un clin d'œil.

Neil raconta l'intervention de la dame pendant l'exposition, et la sortie en trombe du labrador qui avait failli le faire tomber.

– Demain, on appellera les organisateurs, dit Bob Parker. Je suis certain que ses maîtres se seront manifestés.

– Ils doivent être complètement affolés,

dit Kate. Ce chien n'a pas plus de neuf ou dix mois. Que dirais-tu d'une petite photo ? dit-elle au labrador en lui grattant la tête. Je vais chercher l'appareil.

Tous les chiens qui arrivaient au refuge étaient photographiés. Les photos étaient ensuite affichées au commissariat de police de Compton et dans la clinique vétérinaire de Mike Turner.

Kate revint avec l'appareil :

– Hé, le vagabond ! Regarde un peu par là !

Il se tourna vers elle, la gueule entrouverte, le coin des babines retroussé.

– Très bien ! Maintenant, ne bouge plus !

Le labrador resta parfaitement immobile, la tête levée, l'œil vif. Il paraissait ravi de se faire prendre en photo. Quand le cliché glissa de l'appareil, Kate, Neil et son père éclatèrent de rire.

– Quel cabot, ce chien ! On dirait qu'il a toujours vécu sous les flashes ! s'exclama

Neil.

La photo était très réussie. Kate en fit deux autres.

– Voilà, il ne nous reste plus qu'à les distribuer !

– Je m'en charge ! s'écria Neil.

Il les fourra dans sa poche et s'apprêtait à courir les déposer au commissariat et à la clinique vétérinaire quand son père l'appela :

– Ho ! Et si tu t'habillais avant ?

Le garçon rougit. Il avait failli sortir en pyjama !

3

Après le déjeuner, Neil retourna au refuge avec Emily et Sarah. Le labrador se dressa contre la porte de son box, heureux de voir du monde.

– Je suis sûr que c'est le chien de l'exposition, répéta Neil. Mais tout s'est passé si vite ! J'espère que je ne me trompe pas !

Emily et Sarah dévoraient le labrador des yeux. Sarah lui caressa les oreilles et soupira :

– Il est trop mignon. J'aimerais en avoir un comme lui.
– Dès qu'un nouveau chien arrive au refuge, tu veux le garder ! dit Emily en riant.
– Il n'a pas l'air malheureux, mais je suppose qu'il préférerait être chez lui, lança Neil. Bon, je vous laisse ! Il faut que j'aille promener Sam.
Il sortit dans le jardin et siffla. Le colley surgit aussitôt de sous son arbuste préféré et bondit vers lui. Neil lui ébouriffa la fourrure :
– On fait la course jusqu'au champ !
Rapide comme une flèche, Sam s'élança, les oreilles au vent.

Ce soir-là, Neil nettoyait le box d'un bouledogue anglais qui venait de repartir chez lui quand le bruit d'un moteur attira son attention. Il laissa tomber son balai et courut dehors.

Une jeune femme, accompagnée d'une fillette et d'un petit garçon, descendait de voiture. Neil s'attendait à voir surgir un chien, mais il n'y en avait pas.

Malgré l'heure tardive, Carole Parker alla les accueillir.

– Bonsoir, Madame ! Que puis-je faire pour vous ? demanda-t-elle.

– Oh, je crois que notre labrador est chez vous, annonça la jeune femme.

Elle parlait très vite et paraissait un peu gênée.

– Pardonnez-moi de vous déranger si tard. Je suis Pam Weston. Nous avons perdu notre chien. Il s'appelle Jason. Un agent de police du commissariat de Compton m'a dit qu'il vous avait amené un labrador ce matin. Je suis sûre que c'est lui. C'est le chien de mes enfants, Kirsty et Jonathan.

– Tu n'as pas déjà entendu cette voix quelque part ? souffla Neil à Emily.

Emily secoua la tête :
– Non, mais j'ai déjà aperçu Kirsty et Jonathan dans la cour de récréation.
Kirsty avait six ans, un de moins qu'Emily, et Jonathan en avait huit, un de moins que Neil.
– Je vais voir Jason avant qu'il parte ! décida Sarah.
– Attends, il n'est pas encore parti ! Ce n'est pas aussi simple ! dit Carole Parker.
Jonathan et Kirsty la regardèrent d'un air anxieux.
– Nous sommes obligés de remplir quelques formalités avant de vous le rendre, reprit-elle, un peu embarrassée. Comprenez-moi, c'est une lourde responsabilité… Mais il est très tard, en effet. Voulez-vous revenir demain ?
– S'il vous plaît, Madame Parker. Il a tellement manqué aux enfants, hier soir ! Nous étions tous anéantis de l'avoir perdu. Et puis…

Elle hésita un instant et déclara d'une voix à peine audible :
– Nous ne pourrons pas revenir demain.
– Bon, je vais chercher le registre. Neil, emmène nos visiteurs au refuge.
– C'est par là ! dit Neil.
Emily courut devant eux pour ouvrir le box du labrador. Dès qu'il vit les Weston, le chien se mit à aboyer avec enthousiasme et bondit vers eux.
– Jason, c'est Jason ! s'écria Kirsty en se précipitant vers lui.
Elle passa ses bras autour de son cou :
– Comme je suis contente !
La longue queue de Jason balayait le sol. Il cessa d'aboyer le temps de lécher le visage de Kirsty, puis il recommença son concert de plus belle.
– C'est bien notre Jason ! confirma Mme Weston.
Neil soupira, soulagé que le chien ait si vite retrouvé ses maîtres.

– Comment l'avez-vous perdu ? demanda-t-il.
Pam Weston hésita un instant.
– Je… nous nous promenions et, brusquement, il a disparu…, expliqua-t-elle enfin. J'étais en train de m'occuper de mon bébé… je ne m'en suis pas aperçue tout de suite.
Kirsty serrait Jason dans ses bras comme si elle ne voulait plus jamais le lâcher.
– C'est à elle qu'il a le plus manqué, dit sa mère.
– Je crois que c'était réciproque ! constata Carole Parker en rejoignant le petit groupe.
Le chien ne bougeait plus et fermait les yeux de bonheur. Jonathan se pencha vers lui et lui caressa la tête :
– Salut, mon vieux !
Jason entrouvrit un œil et se remit à agiter la queue.
– Avez-vous son carnet de vaccinations ?

demanda Carole Parker. Je suis désolée, mais je n'ai pas le droit de vous laisser partir avec lui comme ça, ajouta-t-elle avec un sourire un peu gêné. Je vois bien qu'il vous connaît, mais j'ai besoin d'avoir la preuve concrète qu'il est à vous.

Mme Weston parut très contrariée :

– Oh non ! Je ne savais pas que j'en aurais besoin. Est-ce que ce n'est pas évident que Jason est à nous ?

– Vous avez peut-être autre chose ? insista doucement Carole Parker. Une photographie de vous avec lui, par exemple.

Mal à l'aise, Carole jeta un coup d'œil au chien. Jonathan et Kirsty semblaient si heureux de l'avoir retrouvé !

Mme Weston fouilla dans son sac et en sortit une photo écornée :

– En voici une…

– Maman, Maman ! On peut l'emmener

à la maison ? s'écria Kirsty.
Carole Parker sourit et regarda le cliché. Neil tendit le cou. On voyait Jason avec les deux enfants. Le labrador devait avoir trois ou quatre mois, mais c'était bien lui. Il avait les mêmes taches noires sur le museau, et la même queue, un peu recroquevillée au bout.
– C'est une belle photo ! constata le garçon.
– Oui, mais elle n'est pas très récente, remarqua Carole Parker.
Mme Weston rougit légèrement et secoua la tête, embarrassée :
– Je n'en ai pas d'autres… enfin, pas sur moi.
Carole Parker soupira :
– D'accord, vous pouvez l'emmener.
Jonathan et Kirsty poussèrent des cris de joie. Jason aboya deux ou trois fois comme s'il avait compris.
Carole Parker présenta le registre et un

stylo à Mme Weston pour qu'elle y inscrive son adresse et son téléphone.

– Merci beaucoup, Madame Parker ! s'exclama Mme Weston. Les enfants sont si heureux de retrouver Jason !

– Est-ce que vous avez une laisse ? demanda Emily à Jonathan.

Ce fut Mme Weston qui s'empressa de répondre :

– Oui, naturellement, mais elle est restée à la maison. C'est sans importance, il se tiendra tranquille dans la voiture.

Après avoir signé le registre, elle remit précipitamment la photo dans son sac et poussa Kirsty et Jonathan vers la sortie en appelant le chien. Jonathan ouvrit la portière arrière de la voiture, et Jason sauta à l'intérieur. L'air heureux, il s'installa confortablement sur un vieux tapis.

– Merci encore, Madame Parker ! Au revoir ! lança Pam Weston en se mettant au volant.

Quelques secondes plus tard, la voiture disparaissait au bout de l'allée dans un crissement de graviers. Sarah était triste, comme à chaque fois qu'elle voyait partir un chien, mais Emily avait un sourire radieux. Quant à Neil, il restait muet devant la porte d'entrée.

– Qu'est-ce que tu as ? lui demanda Emily. Tu es tout bizarre…

Neil secoua la tête. Il avait une drôle d'impression. Il se promit d'aller voir Jonathan, le lendemain à l'école, pour prendre des nouvelles de Jason.

4

– Alors, vous allez héberger le chien milliardaire ? demanda Chris Wilson. J'espère qu'il n'est pas trop gâté !

Neil et son meilleur copain étaient assis sous un arbre dans la cour de récréation. Neil se contenta de hausser les épaules. Il était songeur.

– Emily m'a dit que le labrador avait retrouvé ses maîtres, reprit Chris.

– Oui... c'est Jonathan et Kirsty Weston. J'espérais les voir ce matin, mais ils ne

sont pas là. Je les ai cherchés partout.
– Ils sont peut-être malades.
– Tous les deux ? Ça m'étonnerait. Ils étaient en pleine forme hier soir.
La sonnerie retentit. Les deux garçons se levèrent.
– J'aurais aimé avoir des nouvelles de Jason, soupira Neil.
– Toi et tes chiens ! fit Chris, taquin. Tu ne peux pas penser à autre chose de temps en temps ?
– Aujourd'hui, c'est impossible, marmonna Neil en montant l'escalier.

De retour chez eux, Neil et Emily furent accueillis par un concert d'aboiements.
– Qu'est-ce qui se passe ? demanda Emily en s'engouffrant dans l'entrée.
La cour qui séparait la maison du chenil était noire de monde. Au milieu, un chien gris au poil hirsute était assis à côté d'un homme et d'une femme, qui parlaient en

faisant de grands gestes. Neil aperçut Jake, le photographe du journal de Compton. Il avait beaucoup aidé le chenil, quelques mois plus tôt, en publiant des photographies de chiens qui cherchaient un foyer.

Le brouhaha des voix était presque couvert par le boucan que faisaient les pensionnaires du chenil.

– Ça alors ! Il y a même la télévision ! s'extasia Emily.

– Je n'ai jamais vu autant de photographes ! dit Neil.

Il réussit à s'approcher de Muttley. C'était un superbe bâtard croisé de berger anglais. Son long poil était tout emmêlé. Il participait à l'agitation générale en aboyant très fort, la queue frétillante. De temps en temps, il se calmait pour renifler les journalistes. En gambadant de l'un à l'autre, il secouait les poils qui lui retombaient sur le museau, laissant apparaître ses yeux noirs, ronds et brillants comme des boutons.

La télévision filma Muttley en train d'aller et venir dans la cour du chenil, puis assis dans sa corbeille, au milieu de son box.

Bob Parker n'avait pas l'air ravi.

– Les Henderson ont décidé que Muttley devait occuper le box numéro 8, et pas un autre, raconta-t-il aux enfants. C'est probablement un des numéros qui leur ont fait gagner le gros lot. J'ai été obligé de déplacer Dinky.

Il haussa les épaules :

– Je n'aime pas changer les chiens de box au milieu de leur séjour. Cela les perturbe beaucoup.

– Bob ! Bob !

Carole Parker traversait la petite foule en courant, très agitée :

– Que t'arrive-t-il ?

– Viens vite au bureau. Nous avons une autre visite.

– Ça ne peut pas attendre ?

– Non, il y a un problème, insista-t-elle. C'est un monsieur qui réclame son chien. Il affirme qu'il est ici. Ou, plutôt, qu'il était ici.

Neil sentit une boule grossir dans sa gorge.

– Qu'est-ce que cela signifie ? s'étonna Bob Parker.

– Il dit que le labrador que nous avons recueilli hier est son chien. Et qu'il peut le prouver. Bob, j'ai peur d'avoir rendu Jason à des gens qui ne sont pas ses maîtres !

5

Le visage sévère de l'homme en disait long sur son mécontentement. Il secouait la tête en tambourinant de la main sur le bureau.

– Je suis désolée de vous avoir fait attendre, Monsieur…, dit Carole Parker.

– Scott, je m'appelle Scott, annonça-t-il sèchement en enlevant sa casquette.

La mort dans l'âme, Neil entra dans le bureau avec son père.

– Ma femme me dit que vous venez

chercher un labrador, dit Bob Parker.

– Tout à fait. J'ai appris que vous l'aviez recueilli. Mais il semblerait que vous l'ayez rendu à n'importe qui, sans la moindre vérification, répondit-il d'un ton cinglant.

– C'est impossible, croyez-moi. Nous vérifions toujours si les gens qui viennent chercher des chiens sont bien leurs maîtres.

– Pouvez-vous prouver que Jason est à vous ? demanda Carole Parker.

Elle avait du mal à maîtriser un tremblement dans sa voix.

– Jason ? Qui vous parle de Jason ? Mon chien s'appelle Junior.

– Alors ce n'est pas le même, affirma Neil. Le labrador qui s'était perdu après l'exposition canine a tout de suite réagi en entendant son nom.

– C'est justement là que Junior a disparu ! Écoutez, je sais qu'il s'agit bien de mon chien. J'ai vu la photo que vous aviez affichée au commissariat.

Une autre photographie de Jason était restée accrochée au mur, dans le bureau de Carole Parker. M. Scott alla l'examiner de plus près.

– C'est bien lui, cela ne fait aucun doute. D'ailleurs, j'en ai la preuve, déclara-t-il.

Il fouilla dans sa pochette.

– Voici quelques images récentes de lui.

Bob Parker les prit et les regarda en silence. Il les tendit ensuite à sa femme en secouant la tête :

– Il semble bien, en effet, que nous nous soyons trompés. Je suis vraiment désolé.

Neil n'en croyait pas ses oreilles. Jamais ses parents n'avaient commis une telle erreur !

– Eh bien, qu'avez-vous l'intention de faire ? demanda M. Scott, furibond.

Très contrarié, Bob Parker se dirigea vers le téléphone :

– J'appelle immédiatement la personne qui l'a emmené.

Il consulta le registre et composa le numéro de Mme Weston.

– Il y a une chose que je ne comprends pas, Monsieur Scott. Pourquoi ne vous êtes-vous pas manifesté plus tôt ? intervint Carole Parker.

– Parce que je ne connaissais pas votre refuge ! J'habite assez loin d'ici. J'ai fait une centaine de kilomètres pour aller à l'exposition de Padsham. Quand Junior s'est perdu, j'ai appelé le commissariat de police local. Là, on m'a communiqué vos coordonnées. Mais il était trop tard pour téléphoner ou pour venir. Je croyais qu'il était entre de bonnes mains et qu'il ne risquait rien. Je n'aurais jamais imaginé que vous le donneriez au premier venu !

Bob et Carole Parker étaient terriblement confus.

– Comment s'est-il perdu ? demanda Neil.

– Il venait de remporter le deuxième prix quand quelque chose l'a excité. Il a filé à travers la foule, et je l'ai perdu de vue. J'aurais dû être plus attentif. Il est jeune, il n'obéit pas encore très bien.

– Il n'avait pas de collier, fit remarquer Carole Parker.

– Je n'ai pas eu le temps de le lui remettre. Il m'a échappé au moment où je lui enlevais celui de l'exposition. Mais tout cet interrogatoire ne nous avance pas beaucoup ! s'énerva soudain M. Scott. Ce que je veux, c'est retrouver mon chien !

Puis il se radoucit. Il baissa la tête et soupira :

– Excusez-moi ! Junior compte beaucoup pour moi.

Bob Parker posa le téléphone :

– Il n'y a personne pour le moment. Je rappellerai plus tard. Nous ferons tout pour le retrouver, je vous en donne ma parole.

M. Scott lui fourra une carte de visite dans la main :

– J'espère avoir de vos nouvelles ce soir, en rentrant chez moi.

Il sortit et traversa la cour à grandes enjambées. Il faillit bousculer Kate, qui revenait du chenil. Il monta dans une Land Rover couverte de boue, garée sur le côté de la route.

– Qui c'est, ce type ? s'exclama Kate en entrant dans le bureau. Il avait l'air à moitié fou !

– Il l'était complètement. Fou de rage ! J'ai rendu son chien à quelqu'un d'autre ! expliqua Carole Parker.

– On ne peut pas lui reprocher d'être en colère, dit Bob Parker, consterné.

Il jeta un coup d'œil sur la carte de visite et poussa un cri.

– Qu'est-ce qu'il y a encore ? s'inquiéta Carole Parker.

– M. Scott est éleveur de labradors.

– Dans ce cas, je suis certaine que le chien est à lui. Les éleveurs ne confondent pas leurs chiens avec d'autres.

– Et moi, je suis sûre qu'il est à Kirsty et à Jonathan ! intervint Emily. Il les a reconnus tout de suite !

– C'est vrai, mais la photo que nous a montrée M. Scott représentait bien Jason, à l'âge qu'il a actuellement.

– Les labradors se ressemblent beaucoup, fit remarquer Emily.

– Pourquoi diable M. Scott chercherait-il à récupérer un chien qui ne serait pas à lui ? s'emporta Carole Parker.

Personne ne trouvant de réponse, Bob Parker annonça en soupirant :

– Je vais encore essayer de joindre Mme Weston. Il faut élucider ce mystère. Kate, pouvez-vous demander à ces reporters de s'en aller. Si la presse s'emparait de cette histoire, ce serait la fin de la bonne réputation du refuge !

6

Neil et Chris étaient dans le chenil. Neil brossait énergiquement le poil tout emmêlé de Muttley en racontant à son copain les derniers événements. Bob Parker vint vérifier si tout allait bien.

– Papa, as-tu réussi à joindre Mme Weston ? demanda Neil

– Non, il n'y a toujours personne. Je n'ai même pas pu laisser un message, elle n'a pas de répondeur. Je recommencerai tout à l'heure, et si je ne réussis pas à la

joindre, je passerai chez elle demain matin.
Sur ces mots, Bob Parker quitta le chenil.
Neil eut une idée :
– Et si on y allait ? proposa-t-il à son copain.
– Où ça ?
– Chez les Weston.
– Euh… Je ne peux pas… J'ai promis à ma mère de rentrer tôt, et j'ai du travail pour demain.
– D'accord, je vais demander à Emily de m'accompagner.
Il fit une caresse à Muttley :
– Porte-moi chance, Mut, aide-moi à retrouver Jason-Junior !
D'une voix très grave, le chien aboya une seule fois en penchant la tête sur le côté.
– Tu es un bon chien, soupira Neil. Salut, mon vieux, à plus tard !
Les garçons quittèrent le chenil, et Neil alla chercher Emily. Elle n'hésita pas une

seconde. Quelques instants plus tard, ils filaient tous les deux sur la route de Compton.

Bob Parker était de très mauvaise humeur quand ils revinrent à la maison.

– C'est absolument infernal ! fulminait-il en arpentant la cuisine. Le téléphone a sonné toute la journée. On dirait que le monde entier a décidé de venir voir Muttley.

– Où étiez-vous passés ? gronda Carole Parker. Voilà une demi-heure que nous vous attendons pour passer à table.

– Nous sommes allés aux Sycomores, marmonna Neil.

– Chez les Weston ! Vous les avez vus ?

– Non, répondirent Neil et Emily d'une seule voix.

– J'irai demain, à la première heure, grommela Bob Parker.

– Ce n'est pas la peine. Ils ont…

Neil ne put se résoudre à prononcer le mot.
– … déménagé, compléta Emily.
Bob et Carole Parker restèrent muets de stupeur.

Ce soir-là, Neil se tourna et se retourna dans son lit, incapable de s'endormir. Sam ronflait, roulé en boule à côté de lui. Neil se demandait à qui appartenait vraiment le labrador. Il voyait encore ses retrouvailles avec Jonathan et Kirsty, et la photographie que Mme Weston leur avait montrée. Il entendait encore sa voix quand elle avait remercié sa mère.
Et, brusquement, il se souvint d'avoir eu l'impression que cette voix ne lui était pas inconnue.

7

La Range Rover des Parker quitta la route nationale et s'engagea dans un petit sentier qui conduisait à la ferme de M. Scott. À l'entrée, un grand panneau de bois indiquait :

Élevage de labradors – Achat et vente

Propriétaire : Paul F. Scott

M. Scott apparut sur le perron :

– Merci d'être venus. Avez-vous réussi à contacter les gens qui ont emmené Junior ? demanda-t-il anxieusement.

Bob Parker rougit :
– Euh… pas encore, hélas ! Je n'arrive pas à les joindre.
Il avait décidé de ne pas lui parler du déménagement des Weston pour ne pas l'affoler.
– Cela ne m'étonne pas. Je suppose que ce sont des habitués. Ils ont dû repérer Junior à l'exposition et l'ont attiré vers eux. Je les attaquerai en justice !
– Je ne crois pas que ce soient des voleurs, objecta Bob Parker. Les enfants réclamaient le chien. Il les a tout de suite reconnus.

Tout en discutant avec les Parker, M. Scott leur fit visiter le chenil.
Dans un box se trouvaient trois chiots avec leur mère. Ils étaient tous chocolat, une couleur très rare pour cette race.
– Regarde, Papa ! Oh, j'en veux un ! s'écria aussitôt Sarah.

– Nous verrons ça plus tard, répondit Bob Parker.

– Ils n'ont qu'une semaine, déclara M. Scott en les contemplant d'un air attendri.

La mère des chiots somnolait dans sa corbeille. Elle souleva la tête, ouvrit les yeux et tendit une patte vers ses petits. Les trois minuscules labradors se pressèrent contre elle, cherchant à téter. La chienne poussa un petit soupir de satisfaction et s'étira sur le flanc en bâillant.

Emily, Sarah et Neil étaient émerveillés.

– Depuis combien de temps faites-vous ce métier ? demanda Bob Parker.

– Mes parents avaient déjà un élevage de labradors. Mais leurs chiens n'étaient destinés qu'à la reproduction. Moi, je les présente aussi à des expositions.

Mme Scott vint les rejoindre pour proposer un goûter aux enfants.

Quelques instants plus tard, ils étaient

assis dans le salon. Tout à coup, Emily sentit une truffe humide contre sa main. Un labrador noir, assez âgé, venait de sortir de derrière le canapé. Elle le caressa doucement :

– Comment s'appelle-t-il ?

– Bradley. Celui-là, nous n'avons jamais pu nous en séparer, répondit Mme Scott.

Elle tapota affectueusement la tête de son chien.

– Et Junior ? Vous vouliez le vendre ? demanda brusquement Emily.

Elle devint toute rouge. M. Scott fronça les sourcils.

– Nous l'avons pris à la SPA. Il avait quatre mois environ. Je savais qu'il n'était pas dressé, mais il était en pleine forme, et il avait très bon caractère. Ma femme m'a convaincu de le faire participer à des expositions canines. Celle de Padsham était sa première apparition en public… Vous connaissez la suite.

Bob Parker toussota, gêné. La sonnerie de son téléphone portable vint à son secours.

– Excusez-moi, dit-il en se levant.

Il sortit dans le jardin. Quand il revint, il était très pâle.

– Neil, Emily, Sarah, montez dans la voiture. Nous devons retourner immédiatement à la maison, déclara-t-il.

– Qu'est-ce qui se passe ? s'affola Neil.

– La police est au chenil.

– La police ? Mais pourquoi ? s'écria Emily.

– Il y a eu un incident tout à l'heure. Muttley a failli être volé. Et Kate a été blessée.

8

Une voiture de police était garée dans la cour quand ils arrivèrent au chenil. Neil et Emily sautèrent de la Range Rover et se ruèrent vers la maison.

Un grand brouhaha parvenait de la cuisine. Kate était assise, en larmes, devant une tasse de thé. Elle avait les cheveux en bataille, une bosse sur le front et un gros bleu au bras gauche.

Assise à côté d'elle, Carole Parker la réconfortait, un bras passé autour de ses épaules. Deux agents de police prenaient des notes.

– Bonjour, Messieurs. Comment ça va, Kate ? demanda Bob Parker en se penchant vers elle.

Kate secoua la tête sans parvenir à articuler un mot.

Carole Parker raconta ce qui s'était passé :

– Les voleurs ont forcé le portail latéral. Ils sont allés directement dans le box de Muttley. Sam les a attaqués, et il en a mordu un à la jambe.

Carole Parker tendit un mouchoir à Kate. La jeune femme commençait à se calmer. Elle se mit à parler en hoquetant :

– Ils étaient cinq… Je n'ai pas pu les empêcher d'entrer. L'un d'eux m'a frappée… Je n'ai jamais eu aussi peur…

– Finalement, Kate a réussi à déclencher l'alarme, et ils se sont enfuis, ajouta Carole Parker.

– Vous ne les avez pas attrapés ? demanda Emily.

– Non, mais je pense qu'ils n'iront pas loin. La police est en train de passer la région au peigne fin, répondit l'un des agents.

– Je vous conseille de renforcer la porte principale du chenil, intervint l'autre policier. Il pourrait bien y avoir d'autres tentatives. Et, cette fois-ci, Muttley risque d'avoir moins de chance… et Kate aussi.

– Nous aurions dû refuser de le prendre en pension ! éclata Bob Parker. Avec toute cette publicité autour de lui, il était évident que nous aurions des ennuis. Il va falloir le placer ailleurs.

– Oh non ! s'écrièrent Neil et ses sœurs.

– Je vais demander à Oncle Jack s'il peut le garder jusqu'au retour de ses maîtres, décida Bob Parker. Je ne veux pas que Kate soit en danger !

– Je suis d'accord, dit Carole Parker. C'est sans doute la meilleure solution. Les Henderson comprendront très bien, et je pense même qu'ils nous sauront gré d'avoir pris cette précaution.

Neil, Emily et Sarah ne dirent rien. Ils étaient tristes à l'idée que Muttley s'en aille et passe plusieurs jours sans faire de longues promenades.

– Si vous vous sentez mieux, Kate, un agent va vous raccompagner chez vous, proposa Bob Parker.

Bientôt, Emily et Neil restèrent seuls dans la cuisine. Épuisé par les événements de la journée, Sam s'était endormi sous la table. Ses pattes remuaient comme s'il courait.

– Regarde, il rêve ! Il poursuit peut-être les voleurs ! chuchota Emily en se penchant vers lui.

Neil le caressa du bout des doigts pour ne pas le réveiller. Sam fronça légèrement le museau et s'étira tout en continuant à dormir.

– Je me demande où est Junior, dit Neil.

– Tiens, tu viens de l'appeler Junior !

– Tout à l'heure, M. Scott m'a convaincu que c'était bien son chien. Il a l'air de l'aimer vraiment.

– Mais les Weston aussi ! s'insurgea Emily. Tu as vu comme ils étaient heureux de le retrouver !

– C'est vrai. Je n'y comprends rien ! Ce qui est sûr, c'est qu'il faut se dépêcher de retrouver cette famille.

– Et si on appelait le journal ? proposa Emily.

Neil haussa les épaules :

– Non, je ne crois pas que ce soit une bonne idée. Il vaut mieux laisser les journalistes à l'écart pour le moment, à cause de Muttley. Il faut qu'on se débrouille pour retrouver les Weston tous les deux, Emily. Tu es d'accord ?

Emily hocha la tête :

– Tu as une idée ?

– Oui, on pourrait demander leur nouvelle adresse au secrétariat de l'école.

– Et si Mme Thorn ne veut pas nous la donner ?

Neil toussota :

– Si je lui dis que j'ai un livre à rendre à Jonathan, un truc comme ça, elle acceptera peut-être…

– Ouais, c'est pas bête, reconnut Emily. On essaiera demain.

9

Neil prit une grande inspiration et frappa à la porte du secrétariat. Pas de réponse.

– Vous avez un problème ?

Neil et Emily sursautèrent. C'était le directeur de l'école.

– Nous... nous cherchons Mme Thorn, Monsieur.

– Elle n'est pas là. Elle revient lundi, répondit le directeur en se dirigeant vers l'escalier.

– On ne peut pas attendre jusqu'à

lundi…, se lamenta Emily. M. Scott va être furieux s'il n'a pas de nouvelles de son chien avant.

Deux professeurs frappèrent à la porte du secrétariat. Ils attendirent un peu, puis ils entrèrent.

Emily et Neil se regardèrent, surpris.

– Génial ! chuchota Neil. Mme Thorn ne ferme pas sa porte à clé… Tu me suis, Emily ?

– Euh, pas vraiment.

– Samedi, il y a un match de cricket, l'école sera presque vide. On n'aura qu'à entrer dans le bureau et chercher le dossier !

– Tu es dingue ! Et si on se fait prendre ? s'exclama Emily, affolée.

– C'est la seule façon d'obtenir cette adresse rapidement. On emmènera Sam avec nous. Si quelqu'un nous voit, on pourra toujours dire qu'il était entré dans l'école et qu'on était venus le chercher.

– Tu as raison, c'est notre seule chance, dit Emily. Si on ne retrouve pas les Weston, M. Scott nous fera une publicité d'enfer. Papa et maman n'auront plus qu'à fermer le chenil et le refuge.
Les deux enfants frissonnèrent à cette idée. Jamais ils ne laisseraient arriver une chose pareille !

Le soir suivant, Neil et Emily pédalèrent à toute vitesse jusque chez Oncle Jack pour voir Muttley.
– Il y a quelqu'un ? C'est la Compagnie des chiens trouvés ! hurlèrent-ils sans se soucier des voisins.
Steve, leur cousin, apparut sur le pas de la porte :
– Qu'est-ce qui vous arrive ?
Steve était tout essoufflé. Ricky arriva derrière lui, la langue pendante.
– Tu as encore couru après Ricky ? demanda Emily en riant. Papa essaie de le

faire obéir un peu pendant ses leçons, mais il a vraiment du mal !

– Non, non, ce n'est pas Ricky, c'est Muttley ! Venez le voir, il est dans le jardin. Maman ne voulait plus le laisser à l'intérieur. C'est une vraie terreur, il casse tout. Vous auriez pu nous avertir !

– Désolé, Steve, on ne savait pas. Mais pourquoi a-t-il des rubans sur la tête ? demanda Neil, effaré, lorsqu'ils se trouvèrent dans le jardin, derrière la maison.

– Pour que personne ne le reconnaisse. C'est une idée de maman, s'empressa d'ajouter Steve. Comme ça, il peut rester dehors. Le problème, c'est qu'il s'est mis à bêcher les parterres de fleurs. Il est rudement efficace !

Neil et Emily éclatèrent de rire.

– Sans blague, j'ai passé mon temps à l'empêcher d'éventrer les plates-bandes… mais c'est toujours lui qui gagne ! fit Steve, résigné.

Muttley leva le nez et aboya. Les petits nœuds lui glissèrent sur les yeux. Il secoua la tête pour s'en débarrasser. N'y arrivant pas, il se mit à aboyer furieusement.

– Pauvre Muttley ! dit Emily en s'approchant de lui.

– Tu n'as qu'à les lui enlever, fit Steve. De toute façon, maman allait appeler vos parents ce soir… Elle veut leur rendre Muttley.

– Hein ? s'écria Neil. Mais ce n'est pas possible ! Attends, il y a une solution pour le jardin… Tu mets des pièces de monnaie dans une boîte de conserve, et tu la secoues à côté de lui chaque fois qu'il fait une bêtise. Il n'aimera pas du tout ça, et il comprendra vite qu'il a intérêt à arrêter.

– Ce n'est pas la peine d'essayer. Maman est décidée. Elle s'oppose à ce qu'il passe le week-end à la maison.

Neil et Emily échangèrent un sourire radieux.

– C'est super pour nous, hein, Emily ? s'exclama Neil. Mais les parents ne vont pas être ravis !

10

Samedi matin, Emily et Neil longèrent lentement le terrain de jeux de l'école en faisant semblant de regarder le match de cricket.

– On entre par-devant ou par-derrière ? chuchota Emily en fixant la laisse de Sam à son collier.

– J'ai pensé à la porte latérale. Normalement, elle n'est pas fermée.

Ils atteignirent le bâtiment sans incident. Avant d'entrer, ils vérifièrent encore une fois si personne ne les voyait. L'école était silencieuse.

Sam se mit à couiner, excité par tout ce mystère. Neil posa son doigt sur ses lèvres.

– Chut ! Tais-toi, Sam.

Le colley comprit aussitôt et se calma. Il les suivit, tout son corps tendu. On n'entendait que le crissement de ses griffes sur le sol.

Sur la pointe des pieds, Neil et sa sœur s'engagèrent dans le couloir, tous leurs sens en alerte. Le secrétariat était de l'autre côté, tout au bout. Ce parcours leur parut interminable.

Le cœur battant à tout rompre, ils arrivèrent enfin devant le bureau de Mme Thorn. Neil se sentait partagé entre l'excitation et la peur.

– Assis, Sam ! chuchota-t-il.

Le chien obéit et se posta sur son arrière-train devant la porte, les oreilles dressées.

Neil frappa. Pas de réponse. Il tourna la poignée et poussa le battant.

– Ouf ! souffla Emily. J'avais peur qu'elle ne soit fermée pendant le week-end.

Ils entrèrent dans la pièce et refermèrent la porte derrière eux.

– Attention ! murmura Neil. Si on ne fait pas de bruit et si personne ne nous voit à travers la fenêtre, on n'aura pas de problème. Sam nous avertira si quelqu'un vient.

– Par où on commence ? demanda Emily.

– Regarde les étiquettes de la bibliothèque ; moi, je m'occupe des casiers.

Le mur derrière le grand bureau noir était recouvert d'une immense bibliothèque à rayonnages et à tiroirs.

Neil et Emily cherchaient frénétiquement. Soudain, Neil crut entendre un bruit de pas dans le couloir. Il attrapa sa sœur par le bras et s'immobilisa, tendant

l'oreille. Rien. Était-ce son cœur qui battait si fort ?
Encore tout tremblants d'émotion, ils se remirent au travail. Après quelques minutes de recherches infructueuses, Emily se tourna vers son frère :
– Pssst ! C'est sûrement là !
Elle lui montrait le tiroir contenant les dossiers d'inscription des élèves. Emily essaya de l'ouvrir, mais il résista.
– On est bien avancés ! Il est fermé à clé.
– Les clés doivent être là, dit Neil en cherchant dans un tiroir du bureau.
Il était plein de papiers. Neil le referma sans bruit et ouvrit celui du dessous. Toujours pas de clés !
Emily commençait à s'impatienter :
– Qu'est-ce qu'on fait ? On ne va jamais les trouver !
– Ne t'affole pas, elles sont peut-être là !
Le troisième tiroir du bureau contenait un nombre impressionnant de clés. Ils les

essayèrent les unes après les autres.
Après quelques tentatives, le tiroir des inscriptions s'ouvrit enfin.
– Il n'y a plus qu'à trouver les W... Wallis, Warwick… Weston ! Je les tiens ! s'enthousiasma Neil.

Il retira une chemise cartonnée.
– C'est le dossier confidentiel de Jonathan Weston. Si la secrétaire nous voyait, on serait bon pour l'expulsion, dit Neil, la bouche sèche.
Emily regarda prudemment par la vitre, puis elle jeta un coup d'œil vers la porte :
– J'espère que Sam ne s'est pas endormi !
– La voilà ! L'ancienne adresse de Jonathan a été barrée, il y en a une autre au-dessous. Il habite à Colshaw.
– Ce n'est pas trop loin ! dit Emily. Il y a un numéro de téléphone ?
Neil tourna quelques pages :

– Non…

Il mémorisa l'adresse et replaça vite la chemise dans le tiroir, qu'il referma à clé.

Soudain, ils entendirent Sam aboyer.

Neil fourra les clés dans le bureau de Mme Thorn, et ils sortirent précipitamment. Neil venait juste de refermer la porte quand le directeur apparut au bout du couloir.

– Neil Parker ? Emily ? Que faites-vous là avec votre chien ? demanda-t-il, stupéfait.

Emily devint écarlate. Neil se racla la gorge :

– Rien, Monsieur. Euh… notre chien s'est échappé et il est entré dans l'école. Nous sommes venus le récupérer.

Le directeur les regarda d'un œil soupçonneux. Emily glissa discrètement un pied contre le flanc de Sam et le poussa. Le chien fila à toute allure vers la sortie.

– Excusez-nous, ajouta Emily d'une petite voix.

Elle se précipita derrière Sam, suivie de Neil.

– Que je ne vous voie plus traîner dans l'école un samedi, avec ou sans chien ! gronda le directeur.

Ils rattrapèrent Sam et se ruèrent dehors. Là, ils s'affalèrent dans la cour, le cœur battant.

– Ouf ! On a eu chaud ! haleta Emily.

Neil serra son chien contre lui.

– Tu es super, Sam ! lui chuchota-t-il à l'oreille. Tu pourrais être un chien de détective !

Sam fourra sa tête sous le bras de Neil en remuant l'arrière-train.

– Désolé, mon vieux ! On n'a pas le temps de jouer !

Il lui attacha sa laisse :

– On te ramène à la maison, et on file à Colshaw. Debout, Emily, nous n'avons pas de temps à perdre !

11

Neil et Emily pédalaient à toute vitesse sur la petite route qui menait à Colshaw. Brusquement, Neil donna un coup de frein :

– Emily, regarde par là !

De l'autre côté de la route, il venait d'apercevoir une femme qui poussait un landau, accompagnée de deux enfants et d'un labrador.

– Les Weston ! Et Junior est avec eux ! s'exclama Emily.

– Jonathan ! Jonathan ! cria Neil.

Jonathan Weston s'arrêta net et resta bouche bée en les voyant. Il tira sa mère par la manche. Mme Weston lança un coup d'œil paniqué à Neil, puis elle regarda le chien. Junior tirait sur sa laisse, voulant rejoindre le garçon. Il l'avait reconnu et tenait à lui dire bonjour.

Neil et Emily traversèrent la route en poussant leur bicyclette. Les Weston semblaient figés de peur ; seul le labrador s'agitait en poussant de petits cris.

Quand ils arrivèrent près d'eux, Mme Weston bafouilla :

– Neil Parker ? Emily ? Vous venez à cause de Jason ?

– Oui. Mais je ne suis pas sûr qu'il s'appelle Jason, dit doucement Neil.

Un lourd silence s'abattit sur le petit groupe. Puis Mme Weston soupira :

– Suivez-nous, je vais tout vous expliquer.

Neil et Emily accompagnèrent les Weston jusqu'à leur nouvelle maison. Ils s'installèrent sur le canapé, face à une porte vitrée qui ouvrait sur un grand jardin.

« C'est un endroit idéal pour Jason, ou Junior », pensa Neil, de plus en plus perplexe.

Mme Weston leur apporta du chocolat chaud et des biscuits :

– Servez-vous, les enfants !

Assis par terre, Jonathan et Kirsty caressaient le labrador, couché entre eux deux.

– Est-ce que Jason vous appartient vraiment ? lança enfin Emily d'une voix mal assurée.

Mme Weston hésita :

– Oui… et non. C'est une histoire très compliquée. Jason a été notre chien. Quand il était bébé.

Neil secoua la tête. Voilà pourquoi Jason avait réagi ainsi ! Aucun chien ne peut faire semblant de connaître quelqu'un.

– Nous avons pris Jason parce que Jonathan et Kirsty voulaient un chiot, reprit Mme Weston. À cette époque-là, j'attendais mon troisième enfant. Quand Michael est né, Jason ne le laissait pas tranquille. Il n'arrêtait pas de le lécher et il voulait toujours jouer avec lui. En plus, il ne tenait pas en place. C'était impossible de le garder dans une maison aussi exiguë. Il n'arrêtait pas de casser des choses.

Mme Weston s'interrompit pour boire une gorgée de thé.

– Un jour, reprit-elle, en entrant dans la chambre du bébé, j'ai vu Jason qui essayait de grimper dans le berceau. J'avais laissé la porte entrouverte pour entendre Michael s'il se mettait à pleurer, et le chien en avait profité.

– Vous avez dû avoir drôlement peur ! dit Emily.

Mme Weston hocha la tête :
– Je savais qu'il cherchait seulement à jouer avec Michael, mais je craignais qu'il lui fasse du mal sans le vouloir. J'ai paniqué, et j'ai appelé la SPA. Je leur ai expliqué pourquoi je ne pouvais pas le garder. Naturellement, les enfants étaient très tristes.
Jason roula sur le côté et tendit le museau vers Neil et Emily. Décidément, ce chien était adorable !
– Et ensuite, que s'est-il passé ? demanda Neil.
– Quelques semaines après le départ de Jason, j'en ai parlé à une amie, et elle m'a dit que j'aurais dû installer une protection autour du berceau et faire dresser Jason.
– C'est vrai. Mon père aurait pu s'en occuper, dit Neil.
– Je serais venue vous voir directement si j'avais su que votre chenil était si près de chez nous ! Bref, j'ai décidé de

reprendre Jason. Il manquait trop aux enfants, et à moi aussi. Je n'ai jamais vu un chien aussi attachant.

Conscient d'être le centre de la conversation, Jason se trémoussa par terre en poussant des petits cris, puis il se mit à mordiller les mains de Neil. Ensuite, il se leva et alla rejoindre Mme Weston. Il mit la tête sur ses genoux en agitant la queue.

En observant la scène, Neil et Emily se demandaient comment ils réussiraient à convaincre Mme Weston de rendre Jason à M. Scott. Ils allaient tous être si malheureux, à commencer par le chien !

– Pourquoi ne l'avez-vous pas récupéré plus tôt ? demanda Emily d'une toute petite voix.

– J'ai attendu trop longtemps… Quand je suis retournée à la SPA, quelqu'un l'avait déjà adopté. J'étais terriblement déçue ! Alors, j'ai décidé d'acheter un autre bébé labrador. C'est ainsi que je suis allée chez M. Scott.

Étonnés, Neil et Emily s'écrièrent en même temps :

– Vous connaissez M. Scott ?

– Oui, j'ai entendu dire qu'il y avait un éleveur de labradors dans la région. J'y suis allée avec les enfants et, là, nous avons vu Jason dans un box. Il est devenu comme fou en nous apercevant.

12

Emily et Neil avaient les larmes aux yeux.

– Pourquoi ne l'avez-vous pas racheté à ce moment-là ? s'enquit Emily.

– Je n'ai pas osé dire à M. Scott qu'il nous avait appartenu. J'avais peur qu'il me trouve irresponsable. J'ai eu toutes les peines du monde à empêcher les enfants de nous trahir ! Nous sommes vite partis. Et je n'ai pas eu le cœur de prendre un autre chiot.

C'est Jonathan qui raconta la suite de l'histoire :

– Et puis, on est allés à l'exposition de Padsham.

Neil secoua la tête. Il savait maintenant où il avait entendu la voix de Mme Weston.

– Je déteste ce genre de manifestations, mais les enfants avaient tellement envie d'y aller…

– Moi, j'ai tout de suite reconnu Jason ! déclara Kirsty.

– Moi aussi ! ajouta Jonathan. J'ai sifflé pour qu'il nous voie.

– On voulait le ramener à la maison avec nous ! dit Kirsty. Mais Maman a dit que nous devions partir.

– Nous sommes retournés vers la voiture, enchaîna Mme Weston.

– Moi, je continuais à regarder Jason. Et, lui, il nous regardait partir, dit tristement Jonathan. J'ai vu un monsieur qui le tenait par le collier.

– Après, Jason s'est échappé et vous a suivis, dit Neil.

– Si seulement nous l'avions vu ! soupira Mme Weston. Nous aurions ouvert la portière de la voiture, et il aurait sauté dedans. J'avais tellement envie de le reprendre ! Et cela aurait évité des ennuis à vos parents, ajouta-t-elle, l'air désolé.

– Comment avez-vous su que votre chien était chez nous ? demanda Neil.

Mme Weston secoua la tête :

– Un coup de chance. Ma voisine m'a raconté qu'un labrador avait filé comme une flèche en direction de la nationale, à la sortie de l'exposition canine. J'ai pensé aussitôt que c'était Jason, et j'ai appelé le commissariat. Ils m'ont appris qu'ils avaient trouvé un labrador, et qu'ils l'avaient amené à votre refuge.

Mme Weston se leva et se mit à arpenter nerveusement la pièce.

– Bien sûr, je n’aurais pas dû le reprendre ainsi, dit-elle.
– Qu’est-ce que nous allons dire à M. Scott ? soupira Neil.
– Il vient au chenil demain matin, intervint Emily. Quand il comprendra que nous savons où est Jason, il voudra le reprendre.
– Non ! Il ne peut pas, Jason est à nous ! cria Kirsty.
Elle se jeta sur le chien en sanglotant. Très triste, Jonathan s’allongea par terre à côté d’eux.
– Il faut trouver une solution ! Vous pourriez passer au chenil demain, proposa Neil.
Mme Weston et ses enfants paraissaient désespérés. Jason se leva et s’approcha de sa première maîtresse, comme pour demander sa protection. Kirsty le suivit et le couvrit de baisers.
Envahis par la tristesse, Emily et Neil

n'avaient plus envie de boire leur chocolat. Le lendemain, le sort de Jason serait décidé. Et Kirsty et Jonathan seraient sans doute obligés de dire une nouvelle fois adieu à leur labrador.

13

– Comment avez-vous fait pour dénicher la nouvelle adresse des Weston ? demanda Carole Parker, très étonnée.

– À l'école…

– Nous aurions dû y penser ! La présence de Muttley a tout chamboulé ici. Je croyais que nous avions résolu ce problème, et voilà que ce chien est de retour !

Au grand soulagement de Neil, elle ne lui demanda pas d'autres explications.

– Je vais le voir maintenant ! s'empressa-t-il de dire. Je sais qu'il cause beaucoup de problèmes, mais je suis content qu'il soit là.

– Garde-toi bien de dire ça à ton père ! dit Carole Parker. Et tâche d'être là quand M. Scott arrivera.

Au passage, Neil regarda la leçon de dressage que son père donnait à un épagneul. Le chien était très jeune et paraissait s'intéresser davantage aux lacets de Bob Parker qu'à ce qu'il lui disait. Attendrie, Emily contemplait la scène.

– Je vais voir Muttley, tu viens avec moi, Emily ?

Emily lui emboîta le pas. Son visage prit une expression grave :

– Qu'est-ce qui va se passer, maintenant, pour Junior, enfin, pour Jason ?

Neil avait la gorge serrée. Il secoua la tête.

– J’espère que quelqu’un trouvera une solution, soupira-t-il.

Ils arrivèrent devant le box de Muttley. Des cadenas et des chaînes avaient été ajoutés à la porte. Neil passa ses doigts à travers le grillage en parlant doucement au chien. Muttley agita la queue et se mit à gémir.

– Pauvre Muttley. On dirait que tu es en prison ! s’écria Emily.

Le chien répondit par deux aboiements brefs et battit frénétiquement le sol avec sa queue.

– Ce qui est bien, c’est que tu n’as plus ces affreux rubans sur la tête ! dit Neil en riant.

Ils restèrent un moment avec lui et lui promirent de faire une longue promenade dans l’après-midi, puis ils retournèrent vers le bureau de leurs parents. M. Scott venait d’arriver, accompagné de sa femme. Neil sentit son moral remonter.

Mme Scott lui avait semblé très compréhensive lorsqu'ils étaient allés leur rendre visite. Elle saurait peut-être comment résoudre le problème.

– Vous avez retrouvé Junior ! C'est formidable ! s'exclama M. Scott avec un large sourire.

– Les Weston vont arriver d'une minute à l'autre, dit Carole Parker en jetant un coup d'œil sur sa montre.

– Et s'ils ne venaient pas ? s'inquiéta M. Scott.

– Ils viendront ! affirma Neil. Ils sont très gentils, et ils aiment beaucoup Jason… je veux dire, Junior.

– C'est possible, Neil, mais Junior est mon chien, dit M. Scott d'un ton ferme.

14

Une voiture s'engagea dans l'allée. Bientôt, Mme Weston et ses enfants en descendirent, précédés de Jason.

– Eh, Junior ! Salut, mon grand ! dit M. Scott.

Le chien redressa les oreilles en le regardant. Il hésita une seconde et se rua vers lui.

Kirsty se mit à pleurer. Sa mère essuya ses larmes avec un mouchoir et la serra contre elle.

Mme Scott était très émue :
– Ne pleure pas, ma petite. Tu pourras revoir Jun… Jason quand tu voudras. Je suis sûre que mon mari sera d'accord.
Bob et Carole Parker assistaient à la scène, mal à l'aise. Neil, Emily et Sarah étaient très tristes pour Kirsty et Jonathan.
Soudain, Neil eut une idée :
– Monsieur Scott, savez-vous pourquoi Mme Weston avait donné son chien à la SPA ?
Ce fut Mme Weston elle-même qui lui raconta l'histoire de Jason. Neil et Emily retenaient leur souffle en observant M. Scott. Après avoir entendu cela, aurait-il le cœur de reprendre le chien ?
Quand Mme Weston eut fini, M. Scott prit une profonde inspiration et secoua la tête :
– C'est une situation bien délicate…
Bob Parker intervint :

– En général, quand deux personnes ont des raisons légitimes de réclamer le même chien, on laisse le chien choisir. Celui qu'il connaît le mieux et qu'il préfère est considéré comme son maître. Mais ce cas est un peu particulier. M. Scott a pris ce chien à la SPA… et il lui appartient.

– Je sais que j'ai eu tort de me séparer de Jason, dit Mme Weston. Et j'en suis désolée, croyez-moi. Nous l'aimons tous énormément.

Kirsty laissa échapper un gros sanglot. Jonathan, les yeux fixés sur ses pieds, essayait de retenir ses larmes.

M. Scott semblait hésiter. Neil eut l'impression qu'il arriverait peut-être à influencer sa décision. Il toussota pour attirer l'attention :

– Monsieur Scott… Je voudrais proposer quelque chose.

Il se racla la gorge, commença par

bredouiller, puis il se mit à parler très vite, de peur d'être interrompu :

– Monsieur Scott, bien sûr, Jason est à vous, mais... j'aimerais vous demander pourquoi vous tenez à lui. Est-ce uniquement pour les concours et la reproduction ?

Il était devenu rouge comme une pivoine. M. Scott allait certainement se fâcher. Mais, au grand étonnement de Neil, il resta calme.

– Oui, tout à fait, reconnut-il, un peu surpris par cette question.

– Le jury de Padsham vous a-t-il expliqué pourquoi Junior n'avait pas obtenu le premier prix dans la section des labradors ?

– Oui, naturellement, répondit M. Scott, qui ne voyait pas où Neil voulait en venir. Ils m'ont dit que c'était à cause du petit défaut de sa queue. Mais ce n'est pas une malformation génétique. Il a probablement été mordu par un autre chiot quand il était petit, et c'est pour cela qu'elle est recroquevillée au bout.

– Cela l'empêchera toujours de gagner le premier prix, conclut Neil.

Un grand silence s'ensuivit. Neil retenait son souffle. Si les Scott voulaient bien admettre cette évidence, alors la seconde partie de son plan allait peut-être réussir.

– Tu as sans doute raison, reconnut M. Scott. Je suppose que c'est sa personnalité joyeuse et ouverte qui lui a permis de gagner le deuxième prix. Mais c'est précisément ça qui me plaît chez lui. Et c'est cela que je veux retrouver dans les futures générations de mes labradors.

Neil se détendit aussitôt. Il s'écria :

– Alors, il y a une solution pour que tout le monde soit heureux, y compris Junior-Jason !

Kirsty, Jonathan et Emily le regardaient avec des yeux pleins d'espoir.

– Continue, Neil, on t'écoute ! l'encouragea Carole Parker. Que suggères-tu ?

– De le partager !

M. Scott fronça les sourcils :

– Que veux-tu dire ? Cette idée ne me plaît pas beaucoup !

– Mais c'est la seule solution ! Vous voulez Junior pour la reproduction ; les Weston le veulent comme animal de compagnie. Tout s'arrange très bien ! dit Neil avec enthousiasme.

Mme Weston regardait Neil bouche bée. Mme Scott secouait doucement la tête avec un petit sourire amusé et attendri.

– Voilà, c'est très simple, reprit Neil. Mme Weston pourrait garder Jason. Vous avez dit qu'il est encore trop jeune pour la reproduction. Quand il sera assez âgé, vous n'aurez qu'à l'emprunter à Mme Weston !

Sans attendre la réaction de M. Scott, Neil se tourna vivement vers la mère de Kirsty et Jonathan :

– Vous laisseriez bien Jason quelques jours à M. Scott, de temps en temps, si cela vous permettait de le garder ?

– Bien sûr ! répondit spontanément Mme Weston.

– Qu'en pensez-vous ? demanda Neil à Mme Scott.

– Ce n'est pas une si mauvaise idée..., répondit-elle doucement en posant une main sur le bras de son mari.

Bob Parker fit un clin d'œil à son fils.

– Je ne sais pas. Il faut qu'il soit très bien soigné, il doit être en pleine forme pour la reproduction. Il n'est pas question qu'il mange n'importe quoi, n'importe comment, objecta M. Scott.

– Vous pourriez indiquer à Mme Weston le régime de Jason, intervint timidement Emily.

– Cela ne nous dérangerait pas du tout ! s'empressa de dire Mme Weston.

M. Scott ne répondit pas tout de suite. Il

réfléchissait. Les enfants le regardaient d'un air suppliant.

N'y tenant plus, Neil reprit la parole.

– Monsieur Scott, vous êtes d'accord? demanda-t-il d'une voix étranglée par l'émotion.

M. Scott faisait tourner sa casquette entre ses mains. Il regarda le chien, puis les Weston, et enfin Neil, et il déclara en hochant la tête:

– Tout bien pesé, je crois que tu as raison, mon garçon. Jason sera sans doute plus heureux avec Kirsty et Jonathan.

Jason! C'était la première fois que M. Scott appelait le labrador par son premier nom. Neil comprit qu'il avait gagné.

– Oui, ce sera beaucoup mieux pour lui, reprit M. Scott. Je dois reconnaître qu'il courra bien plus souvent avec ses jeunes amis qu'avec moi!

Il sourit à la fillette. Elle essuya ses larmes et lui rendit un sourire radieux.

– Ta proposition me convient, Neil, déclara M. Scott.

Les enfants se mirent à crier leur enthousiasme. Kirsty et Jonathan se précipitèrent sur Jason, qu'ils faillirent étouffer en l'embrassant.

– Gardez Jason, dit M. Scott à Mme Weston. Je vous préviendrai quand je voudrai vous l'emprunter. En attendant, je crois que le fait d'avoir des maîtres qui lui apportent autant d'amour est la meilleure chose qui puisse lui arriver.

Il donna une petite caresse à Jason. Le chien sortit sa langue rose et lui lécha le poignet.

– Il vous dit merci ! s'écria Emily.

– Est-ce que nous allons vraiment le garder, maman ? demanda Kirsty, folle de joie.

– Oui, quatre-vingt-dix-neuf jours sur cent, précisa Mme Weston en prenant sa fille dans ses bras.

Jonathan retrouva enfin sa voix :

– Jason va revenir à la maison !

– Merci beaucoup, Monsieur Scott, dit Mme Weston en tendant la main à l'éleveur. J'espère que vous ne m'en voulez plus de l'avoir repris ainsi... Merci de nous donner une seconde chance.

Ils allaient se séparer quand Steve fit irruption dans le bureau, suivi de Ricky.

– Salut, tout le monde ! J'ai une bonne nouvelle à vous annoncer ! cria-t-il, surexcité.

Ils le regardèrent tous comme s'il était tombé du ciel.

– Papa a écouté aboyer Muttley avant de l'amener ici, et il a joué au loto. Quatre chiffres sont sortis au tirage d'hier soir ! Nous ne sommes pas millionnaires, mais maman dit que cela va rembourser tout ce que Muttley a déchiqueté dans la maison la semaine dernière !

Sarah se mit à applaudir. Ricky aboya très fort, et Jason lui répondit. Deux secondes plus tard, tout le chenil retentissait d'une joyeuse cacophonie.

– Ah, les chiens ! Je me demande pourquoi nous les aimons tant ! soupira Carole Parker avec un petit sourire.

– Parce qu'ils sont formidables ! s'écrièrent en chœur les cinq enfants.

FIN

Avis aux lecteurs

Toi aussi tu aimes beaucoup les animaux ?
Tu peux en parler à Jenny Dale, si tu veux,
en écrivant à :
Bayard Éditions Jeunesse
Jenny Dale - Collection 100 % Animaux
3, rue Bayard
75008 Paris

EXTRAIT

Et voici une autre aventure
de Neil et Emily
dans

Un chien
pas comme les autres

100% animaux

2

– Si tu avais fait tes devoirs, Barry, tu aurais pu te présenter à l'audition ! tonna M. Hamley.

Neil se tourna vers Hasheem :

– Heureusement que j'ai tout fini hier soir !

La classe de Neil était survoltée. Le matin, M. Hamley avait annoncé que les Studios Prince allaient tourner un épisode des *Voyageurs du temps* à Padsham, près de Compton. Le réalisateur cherchait des jeunes figurants pour les scènes de foule. Des auditions étaient prévues pendant l'heure du déjeuner, dans la cour.

Dès que la cloche sonna, les élèves jaillirent de la classe. La cour était pleine à craquer. Le directeur et Mme Potter, le professeur de théâtre, se tenaient sur une estrade installée au milieu avec deux hommes et un garçon aux cheveux bruns.

Neil le reconnut immédiatement : c'était l'acteur qui jouait Zéno ! Il devait avoir le même âge que lui. Un cocker jaune était couché à ses pieds. Ses oreilles tombantes et soyeuses étaient à moitié dressées. Le bout des pattes était recouvert de longs poils.

– C'est Prince ! chuchota Neil.

Le chien regardait avec intérêt tous les élèves qui arrivaient en se bousculant.

– Un peu de calme ! ordonna le directeur.

EXTRAIT

Exceptionnellement, le silence se fit aussitôt.

– Je vous présente Jeff Colton, le réalisateur de la série, et Harry Jenkins, l'entraîneur de Prince. Et ce jeune garçon est Max, vous l'avez tous reconnu !

Les élèves se mirent à hurler d'enthousiasme.

– Silence, s'il vous plaît ! Le prochain épisode des *Voyageurs du temps* sera tourné jeudi et vendredi au château de Padsham, à deux pas de Compton. Vous connaissez tous cette copie de château fort, avec ses tourelles, remparts, meurtrières… Bien, je laisse maintenant la parole à Jeff Colton, qui va vous expliquer ce qu'il attend de vous.

– Bonjour à tous ! dit le réalisateur avec un large sourire. Cet épisode se passe au Moyen Âge. La sélection se déroulera de la manière suivante : vous allez marcher autour de la cour par groupes de cinq en imaginant que vous vivez à cette époque. À mon signal, vous vous jetterez à l'assaut du château. N'ayez pas peur de crier et de gesticuler.

– C'est cool ! dit Hasheem.

Au bout d'une demi-heure, Jeff Calton avait fait son choix : parmi les élèves qui allaient tourner dans l'épisode se trouvaient Neil, Chris et Hasheem, Emily et son amie Julie. Ils étaient fous de joie. De plus, ils allaient être dispensés de cours !

Après l'audition, Emily vit Max et Prince se diriger vers la sortie. Elle se rua vers eux.

– Excusez-moi, dit-elle timidement à Max. Pouvez-vous me donner un autographe ?

Neil la rejoignit et tendit lentement la main vers Prince. Le cocker la renifla et se mit à la lécher. Neil le gratta sous le menton. Le chien ferma les yeux en relevant la tête. Visiblement, il adorait ça.

– Qu'est-ce que tu fiches là ? demanda soudain une voix bourrue.

Neil sursauta et se retourna. C'était l'entraîneur de Prince.

– Je lui disais bonjour !

– Cesse d'effrayer ce chien ! grommela l'homme.

Neil était stupéfait :

– Mais… je ne l'effraie pas !

– Alors, comment appelles-tu ça, hein ? fit Harry Jenkins en montrant le cocker.

Les oreilles baissées, la queue entre les pattes, Prince avait reculé.

– Il était très content il y a deux secondes ! s'exclama Neil, étonné.

Harry Jenkins appela Prince. Le chien ne bougea pas.

EXTRAIT

– Bon, alors, tu te décides ?

Prince était comme pétrifié.

– On ne peut rien en tirer ! Ce chien a été trop gâté, il est caractériel ! cracha Harry Jenkins, hors de lui.

Il partit à grands pas. Max jeta à Neil un regard sombre.

– Je n'ai rien fait ! dit Neil, perplexe.

Max avait l'air malheureux tout à coup. Il haussa les épaules et suivit Harry Jenkins. Le cocker lui emboîta le pas, restant tout près de lui.

– Max semble triste, dit Emily. Je me demande ce qu'il a ! Moi, je serais drôlement contente d'être la vedette d'une série télé !

Neil secoua la tête, songeur :

– Vous ne trouvez pas que ce M. Jenkins est bizarre ? Je ne vois pas pourquoi il m'a dit ça ! Prince était ravi que je le caresse !

EXTRAIT

– Ne t'inquiète pas, dit Emily. Tu auras l'occasion de lui montrer que tu connais bien les chiens !

3

Le jeudi matin, Carole Parker emmena Neil, Emily et Chris au château de Padsham. Sarah était avec eux. Surexcitée, elle demandait sans cesse :

– Où est Prince ? Je veux le voir !

– Je ne sais pas, je ne l'ai pas encore vu, répondit Chris.

– Il est peut-être à l'intérieur du château, où il doit faire moins chaud, répondit sa mère.

La chaleur était accablante. Les techniciens s'affairaient, installant leur matériel, d'autres personnes couraient dans tous les

sens ; l'agitation était à son comble.
Ils avaient rendez-vous près du pont-levis. Neil, Emily et Chris se frayèrent un passage à travers la foule.
– Je vois Mme Jones et Toby ! s'écria Emily.
Maggie Jones, la gardienne du château, leur fit signe de loin. Toby, son petit fox-terrier, leur souhaita la bienvenue avec des cris perçants. Il était resté plusieurs fois en pension au chenil de King Street, et il connaissait bien les Parker. Il avait presque dix ans, mais il était toujours prêt à faire une bêtise, comme un chiot.
Un bâton entre les dents, il se mit à sauter sur Neil.
– Aujourd'hui, je n'ai pas eu une minute pour jouer avec lui ! soupira Mme Jones. Depuis vingt ans que je vends des tickets d'entrée pour la visite du château, je n'ai

jamais vu une telle cohue !
Il était tôt, mais la pelouse était déjà noire de monde. Les plus curieux tentaient de s'approcher des camions de télévision garés près du château. De gros câbles reliés aux projecteurs traînaient par terre. Les caméras étaient déjà installées.
Toby laissa tomber le bâton aux pieds de Neil, qui le ramassa. Du coin de l'œil, Neil vit une voiture noire franchir la grille du château. Un grand brouhaha s'éleva de la foule. Le garçon se haussa sur la pointe des pieds pour mieux voir, mais Toby aboya pour le rappeler à l'ordre.
– D'accord, Toby, on va jouer !
Ils se dirigèrent vers l'entrée de la cour. Neil lança le bâton, et le terrier se précipita pour le rattraper.
La voiture s'arrêta à quelques mètres d'eux. Max et Harry Jenkins en descendi-

rent, suivis de Prince. Toby retourna vers Neil, le bâton entre les dents. Neil le prit et le lança de nouveau. Toby repartit en courant, et faillit faire tomber le dresseur, qui arrivait juste à ce moment-là. Rouge de colère, celui-ci hurla :

– Enlevez-moi ce chien de là !

Toby allait s'emparer du bâton quand Prince arriva et l'attrapa sous son nez. Toby se lança à sa poursuite en aboyant à pleins poumons. Prince fit demi-tour et repartit dans l'autre sens, en direction de Neil. Harry Jenkins se précipita derrière lui en criant.

Neil essaya d'attraper Prince ; mais le chien était très rapide. Croyant que Neil jouait, il se jeta sur le côté en agitant la queue. Au même moment, Toby le rejoignit, et Neil se retrouva en train de le bloquer à la place de Prince. Il le tira par son collier, puis il le prit dans ses bras. Max fonça vers le cocker en l'appelant. Le chien le regarda de côté.

– Viens là, Prince ! fit Max doucement. Donne-moi le bâton.

Prince se dirigea vers lui en remuant la queue.

– Qu'est-ce que c'est que ce cirque ? gronda Harry Jenkins.

Toby se mit à trembler dans les bras de Neil. Prince, lui, fila comme une flèche.

Max se tourna vers Harry :

– Vous lui avez fait peur !

– Tu dis n'importe quoi ! Ce chien refuse d'obéir. Il est mal élevé, voilà tout !

Neil était stupéfait. Max se mordit la lèvre.

– Il m'obéit, à moi ! insista-t-il, tout rouge.

– C'est parce que tu lui donnes toujours

des friandises ! Ce chien doit apprendre à être plus discipliné.

– Il est très discipliné quand ce n'est pas…

Max s'interrompit, découragé...

– Quand ce n'est pas quoi ? tonna Harry Jenkins. Alors, puisque tu sais si bien t'y prendre avec lui, essaie de le faire revenir !

Il s'éloigna, furieux.

– Il est vraiment l'entraîneur de Prince ? demanda Neil, ahuri.

Max hocha la tête. Il siffla en mettant deux doigts dans sa bouche. Prince surgit aussitôt d'un fourré où il s'était caché. Il avait toujours le bâton entre les dents. Max s'accroupit, et Prince courut vers lui.

– C'est un remplaçant, rectifia Max. Son entraîneur est malade.

Toby se tortillait dans les bras de Neil en

poussant de petits cris. Le garçon le serra plus fort contre lui.
– Tiens-toi tranquille, dit-il doucement. Tu as déjà causé assez d'ennuis à Max et à Prince.
Max fit un petit sourire triste :
– Ce n'est pas sa faute. M. Jenkins n'aime pas Prince. J'ai même l'impression qu'il n'aime aucun chien.
– Mais alors, pourquoi fait-il ce métier ? s'étonna Neil.
Max haussa les épaules sans répondre. Prince laissa tomber le bâton et se jeta joyeusement sur lui. Le garçon et le cocker se roulèrent dans l'herbe.
Si Harry Jenkins n'aimait pas beaucoup Prince, il était clair que Max l'adorait !

EXTRAIT

Découvre vite la suite de cette histoire dans

Un chien pas comme les autres

N° 105 de la collection

100% animaux

Partage ta passion des chiens avec Neil et Emily !

101. Dotty fait des bêtises
104. Pagaille au chenil
105. Un chien pas comme les autres
106. Jason a deux maisons
107. Nelly est innocent !
108. Tuff n'a peur de rien !

100% animaux

Partage ta passion des chiens avec Cathy et James !

201. Six chatons cherchent une maison
204. Un poney très courageux
205. La bande des cochons d'Inde
208. Dressons Boule de Poils !
209. Foudre ne renonce jamais !

Imprimé en Allemagne par Clausen & Bosse
N° d'Editeur : 6771